Línea de tiempo del fuego

Un millón de años atrás

Evidencias de incendios controlados por humanos en la caverna de Wonderwerk, Sudáfrica.

7500 a. C.

El cobre se funde y derrite (se calienta a altas temperaturas para que sea más fácil de trabajar)

70 000 años atrás

Primeras lámparas: objetos ahuecados de la naturaleza se llenaban con combustible y objetos encendidos.

240 000 a 225 000 años atrás

Aparecen pruebas recientes de hogueras en la caverna de Bolomor, en España, Europa.

40 000 - 20 000 años atrás

Hornos de leña, para fabricar ollas de barro.

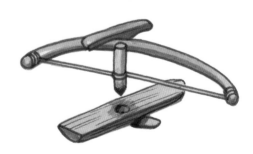

80 años a. C.

Políticos romanos y el empresario Marcus Licinius Crassus crean la primera brigada contra incendios.

1926

Robert Goddard lanza el primer cohete con combustible líquido.

1728

Se construyen las primeras estufas de hierro fundido.

Siglo IX a. C.

Se utiliza el fuego como arma de los asirios, quienes lanzan flechas y ollas encendidas contra sus enemigos.

1886

Karl Benz es el primero en patentar el auto impulsado por un motor de combustión.

1712 d. C.

Thomas Newcomen inventa la primera máquina de vapor.

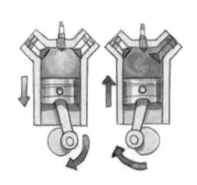

El triángulo del fuego

La principal fuente de oxígeno es el aire, que contiene el 21 % de oxígeno. Los árboles producen oxígeno como material de desecho.

El calor puede provenir de una llama, de una chispa o del sol.

OXÍGENO

CALOR

COMBUSTIBLE

El combustible es cualquier cosa que pueda quemarse, incluidos el gas natural, el petróleo, el carbón, la madera o el papel.

El oxígeno, el calor y el combustible se conocen usualmente como "el triángulo del fuego". Estos tres elementos se necesitan para producir un incendio y mantener la combustión. Este es un conocimiento muy útil para los bomberos, porque un incendio puede prevenirse o extinguirse, removiendo cualquiera de estos elementos. Por ejemplo, si se cubre el fuego con una manta ignífuga, se mantendrá fuera el oxígeno y el fuego se extinguirá. Para evitar un incendio, debes mantener separadas las fuentes de combustible como papel, madera y gasolina, de los fósforos.

Autor:

Alex Woolf estudió Historia en la Universidad Essex de Inglaterra. Es autor de más de 80 libros para niños, y dentro de sus más recientes se encuentran: *¡No te gustaría vivir sin libros!* y *¡No te gustaría estar en las trincheras de la Primera Guerra Mundial!* También ha escrito libros de ficción para adultos y niños.

Artista:

Mark Bergin nació en Hastings en 1961. Estudio en la Escuela de Arte de Eastbourne y se ha especializado en reconstrucciones históricas, en aviación y en temas marítimos desde 1983. Vive en Bexhill, frente al mar, con su esposa y sus tres hijos.

Creador de la serie:

David Salariya nació en Dundee, Escocia. Ha ilustrado una amplia gama de libros y ha creado y diseñado muchas nuevas series para editoriales en el Reino Unido y en el extranjero. David fundó Salariya Book Company en 1989. Vive en Brighton con su esposa, la ilustradora Shirley Willis y su hijo, Jonathan.

Título original
You Wouldn't Want to Live Without Fire!
Primera edición en Panamericana Editorial Ltda., agosto de 2016
© 2015 The Salariya Book Company Ltd.
© 2015 Panamericana Editorial
Calle 12 No. 34-30, Tel.: (571) 3649000
Fax: (571) 2373805
www.panamericanaeditorial.com
Tienda virtual: www.panamericana.com.co
Bogotá D.C., Colombia

Editor
Panamericana Editorial Ltda.
Edición
Luisa Noguera A.
Traducción
María Patricia Esguerra
Diagramación
Magda Hernández

ISBN: 978-958-30-5193-7

Impreso por Panamericana Formas e Impresos S.A.
Calle 65 No. 95-28, Tels.: (571) 4302110-4300355
Fax: (571) 2763008
Bogotá D.C., Colombia
Quien solo actúa como impresor.
Impreso en Colombia – *Printed in Colombia*

Woolf, Alex
    ¡No te gustaría vivir sin fuego! / Alex Woolf ; ilustrador Mark Bergin ; traductora María Patricia Esguerra -- Bogotá : Panamericana Editorial, 2016.
    40 páginas : ilustraciones ; 24 cm.
    Título original : You wouldn't want to live without fire!
    ISBN 978-958-30-5193-7
    1. Fuego - Historia 2. Fuego - Usos 3. Industria 4. Hogar
I. Bergin, Mark, 1961-, ilustrador II, Esguerra, María Patricia, traductora III. Tít.
363.37 cd 21 ed.
A1522155

    CEP-Banco de la República-Biblioteca Luis Ángel Arango

¡No te gustaría vivir sin fuego!

Escrito por
Alex Woolf

Ilustrado por
Mark Bergin

Creado y diseñado por
David Salariya

PANAMERICANA
EDITORIAL
Colombia • México • Perú

Contenido

Introducción

Vemos fuego cada vez que encendemos un fósforo o una estufa de gas. Pero hay otras formas más indirectas en las que el fuego desempeña un papel importante en nuestras vidas. Por ejemplo, el fuego puede producir electricidad; mover coches y hace volar aviones. Se necesita para hacer cosas como la cerámica, el plástico, el metal y el vidrio; el fuego ha hecho nuestro mundo, y sin embargo, apenas lo notamos.

El fuego ha existido en la naturaleza, mucho antes de que los seres humanos lo descubrieran. El mismo Sol, es una gigantesca bola de fuego; de hecho, el fuego se genera en la Tierra, cuando la lava de una erupción volcánica incendia la vegetación. El fuego pudo aterrar a los cavernícolas, pues era destructivo y peligroso. Pero con el paso del tiempo aprendimos cómo aprovecharlo y controlarlo. En este libro vemos las formas en que el fuego ha transformado la sociedad humana.

Advertencia de seguridad

¡NO JUEGUES CON FUEGO! El fuego es divertido, y puedes estar tentado a jugar con una vela encendida. ¡No lo hagas! Puedes terminar quemándote, hiriendo a otras personas o destruyendo tu casa.

¿Podrías sobrevivir sin fuego?

Imagina que vives en un mundo antes de la conquista del fuego, en los meses de invierno de frío constante. El alimento que comes está crudo y es difícil de digerir. El día siempre termina al atardecer. Y en las largas horas de oscuridad, tú y tu familia se encuentran a merced de los animales salvajes.

Entonces, en una noche de tormenta, se ve un rayo que ilumina el cielo y cae sobre un árbol, estalla y se enciende en llamas. Es aterrador, como si una parte del Sol se hubiese desprendido y cayera en la Tierra; esto causa horror y a la vez intriga.

¡Esto es aterrador! Pero... ¡nos podría ser útil!

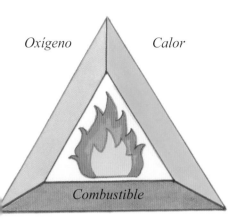

Oxígeno   Calor

Combustible

¿Qué es?

EL FUEGO ES UNA REACCIÓN QUÍMICA entre un material o combustible (como la madera), y el oxígeno. La reacción desprende calor, llamas y humo. Para iniciar un incendio se necesitan: combustible, calor y oxígeno.

¿QUIÉN CONQUISTÓ EL FUEGO? No lo sabemos, pero existe evidencia de huesos quemados en una caverna en Sudáfrica de millones de años atrás.

Para hacer que el eje gire más rápido, rodea un trozo de madera con una pita y ata los extremos a un palo curvo. Ahora tienes un arco de fuego. Mueve el arco de lado a lado para girar el eje.

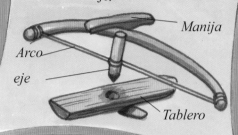

Manija

Arco

eje

Tablero

LA HOGUERA. Los primeros humanos dependían de un rayo para hacer fuego. Más tarde, aprendieron cómo hacerlo por sí mismos, utilizando la fricción, moviendo un eje de madera dentro de un agujero en una tabla (abajo a la izquierda).

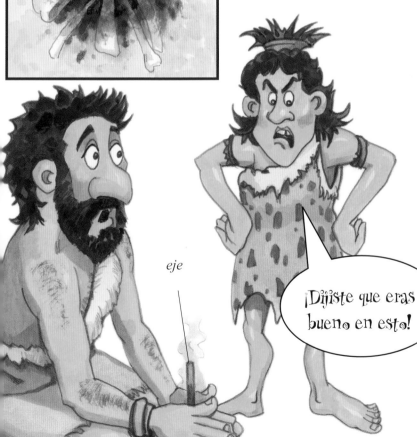

eje

¡Dijiste que eras bueno en esto!

Madera

PROMETEO. El fuego era tan importante que los mitos crecieron en torno a él. Los antiguos griegos creían que Prometeo les robó el fuego a los dioses y se lo dio a los seres humanos.

7

¿Te gustaría un poco de luz?

Tú eres un miembro de una tribu que vive en África hace aproximadamente un millón de años. Esta comunidad ha aprendido cómo hacer fuego, y ya no estás obligado a ir a la cama cuando el Sol desaparece. Todas las noches, reúnen la madera que traen desde el bosque y encienden una gran hoguera a la entrada de su cueva, para reunirse alrededor de ella y contar historias. La noche parece más segura y más brillante ahora. Los animales se sienten amenazados, puesto que le tienen miedo al fuego y los mantiene alejados, y cuando vas de caza puedes llevar fuego contigo, en forma de brasa, que te ayuda en medio de la oscuridad a encontrar tu camino.

LA PRIMERA LÁMPARA fue inventada hace alrededor de 70 000 años, cuando alguien llenó una roca hueca o cubierta de musgo empapado en grasa animal, y la encendió.

¿No has terminado esa lámpara?

No, está muy oscuro para ver qué estoy haciendo.

Cómo funciona

La lámpara de Argand, inventada en 1780, fue un gran paso en la construcción de las lámparas de petróleo, que dan más luz que la llama de una vela. Un tubo cilíndrico de metal, alrededor de una mecha, permite el paso del aire al centro de la llama.

Chimenea

LOS ANTIGUOS GRIEGOS hacían lámparas de arcilla, primero en un torno de alfarero y luego en moldes, para lograr la producción en serie.

¡Feliz cumpleaños a mí!

A TOMAS EDISON Y JOSEPH SWAN se les ocurrió la bombilla eléctrica casi simultáneamente, en la década de los años 1870. La electricidad fluye a través de un alambre (filamento) dentro de la bombilla, lo calienta y por esto irradia luz.

Lámpara de gas   *Farol*

Swan

Edison

LAS VELAS se fabricaron por primera vez en China, alrededor del 200 a. C., con aceite de ballena y mechas de papel de arroz.

LA LINTERNA DE GAS comenzó en 1792, cuando William Murdoch utilizó gas de carbón para iluminar su casa; pronto las calles también lo estuvieron.

¿Podrías sobrevivir sin cocinar?

Ahora imagínate 500 000 años atrás, en China. Un día entras al bosque recientemente incendiado, y en medio de las cenizas encuentras restos de un ciervo. El fuego ha hecho que su carne se convierta en una suave, jugosa y sabrosa pieza para comer. ¡Esto te da una idea! Días después, llevas un pescado, haces una hoguera, pinchas el pescado y a continuación lo sostienes sobre las brasas. El aroma es maravilloso, su exterior está un poco carbonizado pero por dentro su carne está jugosa y suave, ¡deliciosa! Tú y tu familia duermen muy bien esa noche.

¡Bueno!, pero ¿qué esperabas?

¡Oh!, ¡está caliente!

ASAR fue el primer tipo de cocción. Puede haber sido descubierto por accidente cuando alguien dejó caer su comida en el fuego. Las brasas para cocinar aparecieron por primera vez hace unos 500 000 años.

Cómo funciona

Cocinar los alimentos causa alteraciones químicas en ellos. Las moléculas de proteína en la carne y en los huevos cambian de forma, pues alteran su apariencia y textura. Cuando una papa se cocina, las paredes celulares se rompen y se hacen más suaves.

HORNEAR Y HERVIR siguió después (izquierda). Los alimentos se cocinaban en hoyos hechos en el suelo o en agujeros en las rocas llenos de agua, calentados con piedras calientes.

LOS ESTÓMAGOS DE ANIMALES fueron los primeros recipientes para cocinar; eran resistentes al agua y al fuego y se colgaban sobre la llama para hervir los alimentos (derecha). Fueron reemplazados por el cuero, y vasijas de bronce.

Evolución de la cocción

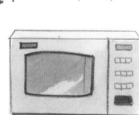

HOY: horno de microondas (1946) y los alimentos precocidos (1953).

:DAD MEDIA: orno de leña.

1728: horno de hierro fundido.

1826: horno de gas.

1882: horno eléctrico.

¿Te cubrirías para obtener calor?

stamos 40 000 años antes del día de hoy. Tu tribu se ha mudado de su hogar en África a otro lugar, mucho más hostil. Han migrado hacia una tierra extraña, la que algún día se llamará Europa, lejos de los horizontes que admirabas en tu niñez. Aquí tendrás que aprender a cazar nuevos animales, como el lanudo y furioso mamut. Y tendrás que acostumbrarte a una temporada larga de un clima mucho más frío, de inviernos severos, definitivamente no podrás sobrevivir aquí. Gracias al fuego has sido capaz de viajar largas distancias lejos de las tierras que habitaron tus ancestros o de las personas que algún día conociste. Cada noche se acercan al fuego, sientes su calor y das las gracias.

POR MILES DE AÑOS, el ambiente de los hogares se calentaba con pequeñas fogatas en medio de la habitación de techo abierto, para que el humo pudiera salir.

¿Calor sin humo? ¡Perfecto!

¡A eso le llamo progreso!

HIPOCAUSTOS. Los antiguos romanos inventaron un sistema novedoso para obtener calor (como se muestra arriba). El aire, calentado por un horno, era conducido por cavidades debajo del suelo y expulsado por las tuberías instaladas en las paredes.

LAS CHIMENEAS comenzaron a aparecer en los hogares en el siglo XII. Se movieron del centro de la habitación hacia la pared lateral y de esta manera expelían menos humo.

LA CALEFACCIÓN hizo su aparición en el siglo XIX. Agua, fuego y una caldera irradiaban calor a través de las paredes de las construcciones, por medio de tuberías y radiadores.

¿Puedes ser creativo con la arcilla?

Vives en Europa oriental casi 27 000 años atrás. Todas las mañanas traes agua del río. Forras bien con arcilla tu vasija de mimbre para prevenir fugas. Después de vaciar el agua, la capa de arcilla se seca y se contrae, y se separa de los lados de la canasta. Un día, te das cuenta de que la capa de arcilla seca expuesta al sol se ha endurecido, parece un objeto de gran utilidad, pero cuando lo recoges, ¡crack!, este se rompe. Cocinar las vasijas en las brasas las hace mucho más resistentes. Ahora, puedes utilizarlas para almacenar y transportar diferentes cosas.

¡Esto podría ser de gran utilidad!

LOS ANTIGUOS EGIPCIOS cocinaban sus ollas en las cámaras de calor aisladas, llamadas hornos.

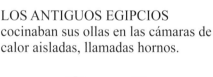

Horno egipcio

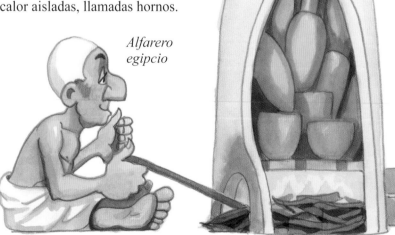

Alfarero egipcio

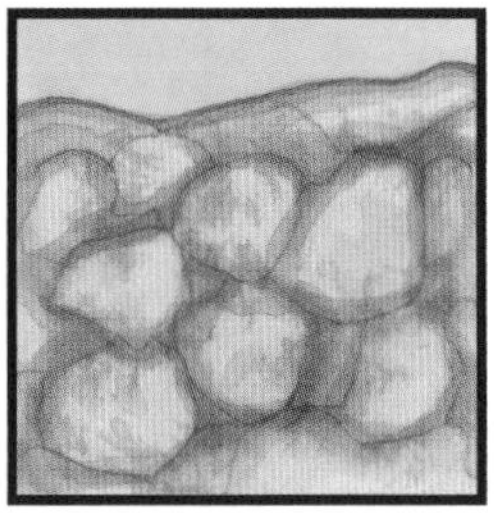

Adobe

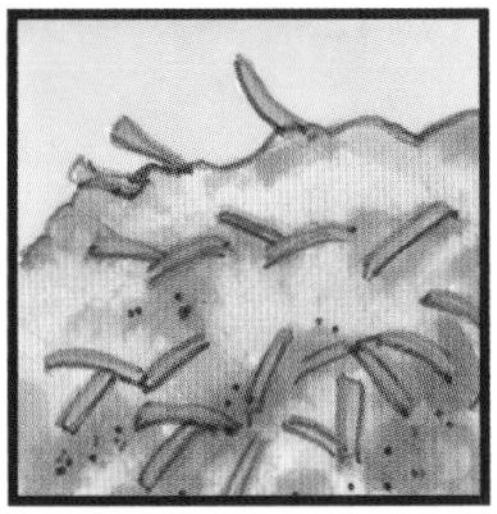

Paja con barro

Madera y mortero

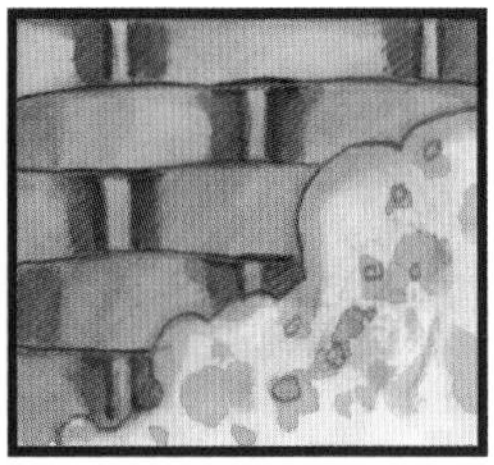

Guadua y barro
(bahareque)

Ladrillos y
mortero

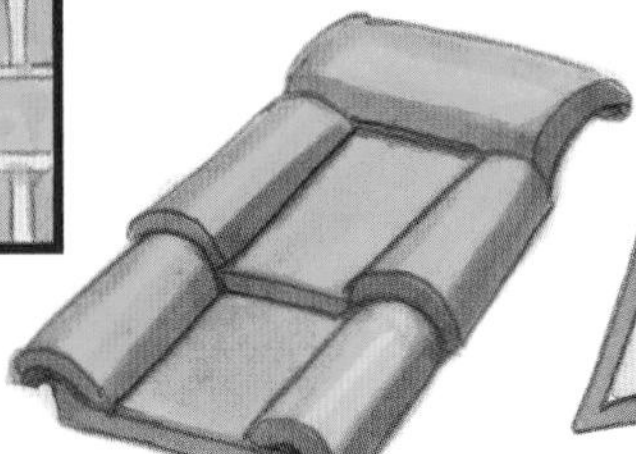

Teja de barro cocida
en horno

¡Consejo práctico!

Para fabricar tu propia vasija, toma una bolita de polímero de arcilla sin hornear y amásala hasta formar una larga salchicha delgada. Luego, toma un envase de plástico vacío y rodéalo con la arcilla hasta haberlo enrollado completamente y… ¡listo!

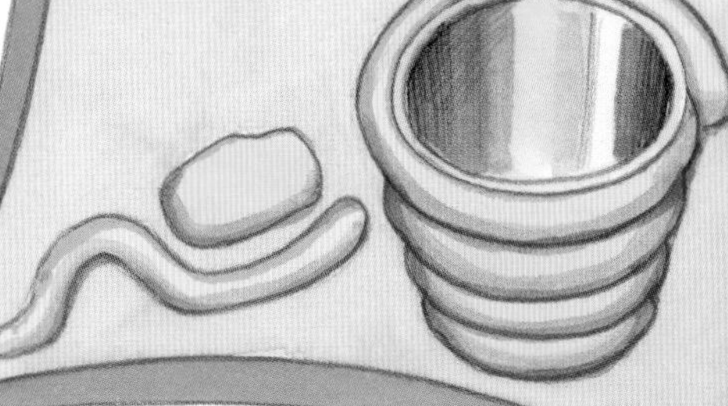

IMPERMEABLE. Durante miles de años, los constructores han mezclado la arcilla con diferentes materiales, luego la secan al sol o la cocinan con fuego.

VERSÁTIL. La arcilla puede moldearse o tallarse antes de hornearla. Se ha utilizado en esculturas, instrumentos musicales, pipas para fumar tabaco y hasta perdigones. Algunas civilizaciones antiguas escribieron en tablillas de arcilla.

¡Por favor, ten cuidado con ella!

¡Confía en mí!

Alfarero griego

Escultor griego

15

¿Convertirías un bosque en granja?

Demos un salto en el tiempo, unos 8000 años atrás a la antigua Mesopotamia. Tu tribu ha aprendido a cultivar plantas para alimentarse y criar cabras para aprovechar su leche y su carne. Ya no tienes que viajar de un lugar a otro para cazar animales o recoger plantas silvestres, puedes quedarte en un solo lugar y cultivar la tierra. Pero tu tribu está creciendo y necesita más tierras. El valle del río está cubierto de bosque; decides talar un área y utilizas el fuego para quemar los árboles caídos y despejar más tierras para la agricultura.

¡Es hora de huir!

¡¿Y me lo dices a mí?!

TALA Y QUEMA. Los nómadas destruían áreas de bosques para la agricultura, hasta que se agotaban los nutrientes del suelo y luego migraban. Después de unas pocas décadas, cuando el bosque ya se había recuperado, una nueva familia se trasladaba allí y quemaba y talaba nuevamente el terreno. Este patrón de la agricultura se practicó durante miles de años.

¡Esto es más fácil que cazar animales salvajes!

¡Consejo práctico!

Recuerda que debes cortar la hierba meses antes de que comience la temporada de calor. Cuando la hierba esté seca, podrás quemarla y la tierra quedará lista para cultivarse.

RECUPERACIÓN DEL SUELO. Cenizas del bosque quemado fueron utilizadas para fertilizar el suelo, de manera que en la próxima temporada de lluvias el suelo estuviese preparado.

AGRICULTURA A PALOS DE FUEGO. Los aborígenes australianos quemaban bosques para ahuyentar animales, como los canguros, y proteger los brotes de las semillas cultivadas.

LOS PINOS DE FUEGO. Son árboles que dependen del fuego para reproducirse. Sus conos se mantienen unidos por una resina pegajosa, la cual se derrite con el calor, y por la acción de este libera las semillas.

¿Tu herrería necesita fuego?

Eres un trabajador del metal que vive en Persia, alrededor del año 2000 a. C. Extraes cobre de los cristales de malaquita, que obtienes cavando la tierra y retirando el polvo. Enciendes el fuego y espolvoreas el polvo obtenido sobre las brasas. Utilizas un fuelle para soplar aire a las brasas, lo cual aumenta la temperatura. Dos horas después, los cambios en el color de las llamas te dicen que el cobre se ha fundido. Colocas fragmentos de cobre en un crisol y los derrites con estaño, para fabricar bronce. Con el bronce caliente elaboras herramientas, joyas y armas.

¡Sigue adelante o serás despedido!

Trabajador del bronce

¡Estoy seguro de que la malaquita está suficientemente caliente ahora!

Fuelles antiguos

18

COBRE, ESTAÑO Y PLOMO fueron los primeros metales que se obtuvieron con el fuego. El cobre era muy suave para fabricar herramientas, pero agregándole estaño se producía el bronce.

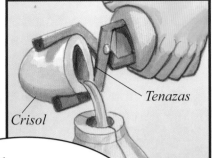

Crisol

Tenazas

¡¿Acabo de comprar esta espada de bronce y ahora me dices que debo cambiarla por una de acero?!

¿Cómo funciona?

La forja no debe llegar a ser muy caliente o demasiado fría. El herrero controla la temperatura con un fuelle, para ajustar el flujo de aire al fuego.

LAS TRES EDADES.
El descubrimiento de los metales fue muy importante para la humanidad y divide nuestra historia en Prehistoria, Edad de Piedra, Edad del Bronce y Edad del Hierro.

EL VIDRIO es otro material obtenido mediante el fuego. Es una mezcla de arena y otros minerales, que se funden juntos a altas temperaturas.

Martillo

Tenazas

Yunque

EL CRISOL es el corazón del horno donde se funden los metales para que puedan trabajarse. El herrero agarra el metal caliente con las tenazas, y luego utiliza un martillo y un yunque para darle forma.

Soplador de vidrio

19

¿Te gustaría ser bombero?

Es el año 80 a. C. Lugar: Roma. Has sido contratado por el adinerado comerciante Marcus Licinius Crassus como miembro de la primera brigada contra incendios. Él no apaga incendios por voluntad propia; cobra por ello. Cuando llegas al lugar del incendio, esperas a que el dueño del lugar pague el precio que Crassus pide. Si él no está de acuerdo, tú te sientas a ver cómo las llamas consumen la casa. A veces el dueño accede a pagar por la gran desesperación, pero al final, el precio se incrementa. Si la construcción es consumida por las llamas, Crassus la compra por la décima parte de su valor original.

Así es como Crassus se ha adueñado de toda Roma.

¡No puedo pagar todo eso!

Bueno, ¡ese es mi precio final!

ANTES DE LA DÉCADA DE LOS AÑOS 1600, los incendios eran apagados por los ciudadanos y voluntarios con cubetas de agua.

LAS MÁQUINAS apagaincendios aparecieron en los años 1700: bombas de agua eran llevadas al sitio; la bomba era accionada manualmente y enviaba agua a través de una manguera.

LAS BRIGADAS CONTRA INCENDIOS DE HOY DÍA se componen de personal calificado y entrenado para atender las emergencias.

LOS INCENDIOS FORESTALES se extinguen construyendo caminos cortafuegos alrededor de ellos.

¿Puedes luchar contra el fuego?

Eres el capitán de la armada bizantina en el año 678. Luchas contra los árabes que tienen sitiada tu ciudad, Constantinopla. Un barco enemigo se acerca. Los soldados se preparan para abordar tu barco. Es el momento de probar una nueva arma; a tus órdenes, un marinero revela la figura en bronce de un león y oprime el fuelle que lleva aire a un horno que se encuentra bajo la figura. La corriente de aire hace que salga por la boca del león una gran llamarada. Aterrorizados, los enemigos ven cómo se incendia su nave. ¡Fue la primera demostración del fuego griego!

¡No es justo!

¡Es el fuego griego!

¿Qué hay adentro?

¡No voy a decírtelo!

ARMA MISTERIOSA. Nadie sabe qué combustible se utilizó en los lanzallamas bizantinos, pero pudo haber sido petróleo crudo mezclado con resina.

FUEGO EN GUERRA. Desde la antigüedad, el fuego ha servido como arma: proyectiles encendidos eran lanzados por encima de las murallas a las ciudades; y los barcos acorazados atacaban naves enemigas.

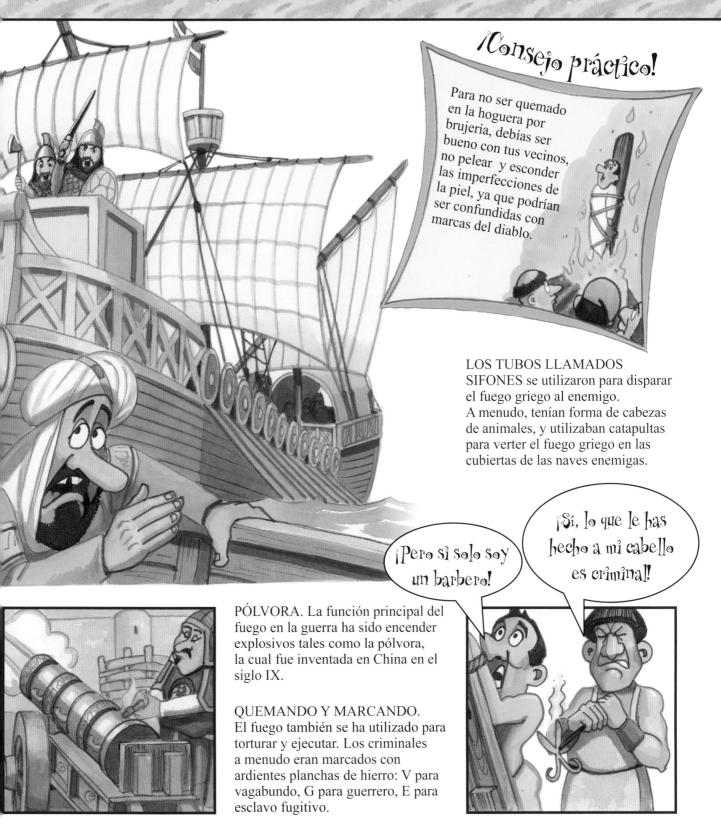

¡Consejo práctico!

Para no ser quemado en la hoguera por brujería, debías ser bueno con tus vecinos, no pelear y esconder las imperfecciones de la piel, ya que podrían ser confundidas con marcas del diablo.

LOS TUBOS LLAMADOS SIFONES se utilizaron para disparar el fuego griego al enemigo. A menudo, tenían forma de cabezas de animales, y utilizaban catapultas para verter el fuego griego en las cubiertas de las naves enemigas.

¡Pero si solo soy un barbero!

¡Sí, lo que le has hecho a mi cabello es criminal!

PÓLVORA. La función principal del fuego en la guerra ha sido encender explosivos tales como la pólvora, la cual fue inventada en China en el siglo IX.

QUEMANDO Y MARCANDO. El fuego también se ha utilizado para torturar y ejecutar. Los criminales a menudo eran marcados con ardientes planchas de hierro: V para vagabundo, G para guerrero, E para esclavo fugitivo.

23

¿Estás preparado para el vapor?

Cornwall, Inglaterra 1712: ayudas al inventor Sr. Thomas Newcomen con su nueva máquina de vapor. Tu trabajo es mantener el fuego encendido en la caldera para que el agua contenida en un cilindro se convierta en vapor. Luego se inyecta agua fría para que el vapor condensado vuelva a su estado original. Esto crea un vacío que empuja el pistón hacia abajo, y cuando el fuego evapora el agua, el pistón vuelve a subir. Este movimiento de sube y baja acciona una bomba que separará el agua del carbón o de la mina de estaño. Estás emocionado con esta máquina y con que el fuego y el vapor produzcan energía.

Viga (brazo)

Pistón

Puede subir 45.5 litros de agua en cada bombeo desde una profundidad de 50 metros, y lo hace 12 veces por minuto.

Conexión de la bomba de agua a la parte inferior de la mina.

Cilindro

Caldera

24

JAMES WATT (izquierda) mejoró la máquina de Newcomen, diseñando cámaras separadas donde el vapor se enfriara. Esto convirtió el sube y baja en un movimiento circular que puso a girar una rueda.

¡Consejo práctico!

El coque es el mejor combustible para fundir hierro en hornos de altas temperaturas; pero contiene azufre que hace al hierro quebradizo.

Coque

Horno

Fuelle

LAS FÁBRICAS.
A principios de la década de los años 1800, la energía de vapor se utilizó para encender y dar movimiento a las máquinas en enormes industrias. Esto inició la Revolución Industrial.

¡Trabajo 68 horas a la semana!

¿No lo harías si te estuvieras quemando?

¿Por qué se está moviendo tan rápido?

EL TRANSPORTE.
Por la década de los años 1820, las locomotoras de vapor transportaban mercancías, y se reemplazaban los viejos barcos de vela por barcos impulsados por vapor.

LA ELECTRICIDAD.
Hoy día, algunas centrales eléctricas queman carbón para producir vapor e impulsar turbinas para generar electricidad.

Puente de hierro fundido construido en 1779 en Shropshire, Inglaterra.

EL CARBÓN Y EL HIERRO.
El furor de la Revolución Industrial agotó las existencias de carbón. El coque, un producto derivado del carbón, alimentó los hornos que fundían hierro para edificios, máquinas, puentes y muchas otras cosas más.

¿Podrías crear un coche?

Ahora es el año 1863. Eres el inventor Etienne Lenoir, estás por embarcarte en el primer viaje en un coche motorizado en París, Francia. Tu carruaje atrae las miradas de los transeúntes, pues a medida que avanza burbujea.

El carruaje avanza tan solo un poco más rápido que un caminante y tienes que parar con frecuencia para hacer reparaciones. Has completado 22 kilómetros de viaje en tres horas, y le demuestras al mundo que hay diferentes maneras de viajar, además de los caballos y la energía de vapor.

El "carro" de Lenoir se movía por la combustión de un motor interno. El motor se encendía con la combustión del gas de carbón, por lo que Lenoir llamó "chispas".

¡Estás asustando a mi caballo!

¡Algún día no habrá más caballos, señor!

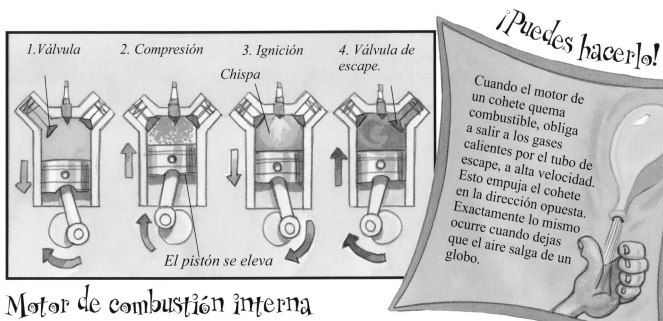

1. Válvula   2. Compresión   3. Ignición   4. Válvula de escape.

Chispa

El pistón se eleva

Motor de combustión interna

EL CORAZÓN de un motor son los cilindros y los pistones:
1. ADMISIÓN: el pistón mueve la válvula de admisión, que se abre, dejando que el combustible y el aire entren.
2. COMPRESIÓN: el pistón vuelve a su lugar para comprimir la mezcla de aire y combustible.

3. IGNICIÓN: la bujía enciende el combustible y la explosión impulsa el pistón hacia abajo.
4. ESCAPE: cuando el pistón alcanza la parte inferior del cilindro, se abre otra válvula, dejando salir los gases por el tubo de escape. Todo este proceso se denomina ciclo de cuatro tiempos.

CÓMO SE MUEVEN LOS AUTOS.
Una biela une el pistón a un cigüeñal, que mueve el pistón arriba y abajo en un movimiento rotativo, que les transmiten poder y movimiento a las ruedas del coche.

FUEGO EN EL CIELO.
El motor de combustión interna pronto llenó nuestras calles con automóviles, camiones, motocicletas y otros vehículos. El vuelo a motor se logró en 1903.

¡Ah! ¡ Esto es divertido! Y ahora... ¿dónde están los frenos?

Biplano de 1914

¿Adivinarías el futuro del fuego?

ien años más adelante en el futuro, llegas a casa en tu patineta supersónica. Un escáner analiza tu identidad y la puerta se abre. "¡Luces!", dices, y las luces de todo el corredor se iluminan con energía solar recolectada del espacio.

Hace frío, así que pides un poco de ¡calor! Tu habitación está tibia por la energía geotérmica que sale de lo profundo de la tierra. Te pones tus gafas energizadas por el movimiento de tu cuerpo. "¡Mamá!", dices, y un minuto después ella aparece en una pantalla justo frente a tus ojos.

FUEGO DENTRO DE NOSOTROS. El sol ayuda al crecimiento de las plantas. Nosotros comemos plantas (y los animales que se alimentan de estas). Entonces, de manera indirecta, nuestro organismo convierte el fuego (del sol) en energía.

¡Feliz cumpleaños, mami!

¡Puedes hacerlo!

¡Ahorra en la factura de energía aprovechando tu propia energía! Esto es posible utilizando una bicicleta para encender la televisión, pero… ¿lo amerita tu programa favorito?

FUEGO EN EL ESPACIO. Podríamos recolectar la energía del sol por medio de paneles solares instalados en las estaciones espaciales, después convertirla en electricidad y traerla a la Tierra.

EL HIDRÓGENO (derecha) podría convertirse en el combustible del futuro. Un motor impulsado por hidrógeno no produce polución. Pero obtener hidrógeno de sustancias como el gas natural requiere calor. Así que el fuego seguirá siendo importante para nosotros.

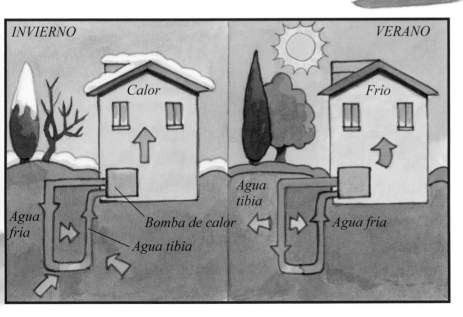

LAS BOMBAS DE CALOR (izquierda) también hacen uso de la energía del sol. Los últimos pisos de la casa se calientan con el Sol. En invierno, el suelo es más cálido que el aire, por tanto, el agua bombeada desde el suelo puede utilizarse como una fuente de calor. En verano, el aire es más caliente que el suelo, por tanto, el agua debajo de la tierra podrá utilizarse para la refrigeración.

El interior de la Tierra es muy caliente, y en algunas partes del mundo es posible generar energía a partir del calor del interior del planeta.

Glosario

Adobe Bloque de arcilla algunas veces mezclado con otros materiales y secado al calor del sol.

Aleación Metal hecho a partir de la combinación de diferentes elementos metálicos; se martilla y moldea.

Bahareque Mezcla de arcilla y paja comprimida para la construcción de muros.

Brulote Antigua embarcación cargada con material inflamable y explosivos, enviada a la deriva para quemar barcos enemigos.

Bizantino Imperio de habla griega en Asia, que duró desde el siglo IV hasta 1453.

Bomba de calor Dispositivo que desplaza el calor de un lugar a otro.

Caldera Contenedor que utiliza fuego para calentar agua.

Cigüeñal Varilla que se encuentra en un motor de combustión, y gira por el movimiento de los pistones.

Condensación Cambiar del estado gaseoso a líquido.

Contrafuego Un incendio que se genera con el propósito de parar un incendio forestal, impidiendo propagación.

Coque Combustible derivado de la quema del carbón en ausencia de aire.

Cortafuego Camino de tierra que deja sin combustible un incendio forestal y, por consiguiente, lo apaga.

Crisol Vasija de cerámica o de hierro en la que se derriten los metales.

Energía geotérmica Energía calórica que proviene del centro de la Tierra.

Forja Clase de horno que se utiliza para derretir y trabajar el metal; también, taller de herrero o herrería.

Fuelle Dispositivo con el que se les echa aire a las llamas para que ardan más.

Fundición Extracción del metal de su estado mineral por medio de calor a altas temperaturas.

Haz de leña Madera cortada en la misma medida, utilizada para la construcción de muros. Se extiende transversalmente tal como si se hiciera con hormigón o bahareque.

Hierro fundido Aleación de hierro y carbón que se funde en un molde. Es resistente pero delicado.

Hogar Chimenea utilizada para calentar y cocinar la comida.

Horno egipcio Horno de alfarería.

Ignición Encender algo con fuego.

Incendio forestal Incendio de gran alcance, que se propaga rápidamente por la selva, los bosques y las praderas.

Maderos y barro Tipo de construcción que consiste en maderos entrelazados cubiertos de barro o arcilla.

Mesopotamia Región del antiguo Oriente Medio donde se localizan el Irak actual y una parte de países vecinos de este.

Motor de combustión interna Motor en el que el combustible (usualmente gasolina o diésel) se quema dentro de un cilindro, no en una caldera separada.

Movimiento rotatorio Movimiento circular, como el de una rueda.

Persia Antiguo nombre de Irán.

Pistón Parte del motor; disco que se mueve de arriba abajo dentro de un cilindro que convierte la energía en movimiento.

Revolución Industrial Periodo entre los siglos XVIII y XIX en el que nuevas tecnologías se desarrollaron, especialmente la energía de vapor.

Tubo de escape Conducto por donde expulsa un motor, en funcionamiento, sus gases residuales.

Turbina Máquina a través de la cual pasa un fluido en forma continua, generando energía mecánica.

Vacío Espacio o contenedor en el cual el aire ha sido completa o parcialmente desplazado.

Válvula Dispositivo para controlar el paso de fluidos a una tubería o a un conducto.

Yunque Bloque pesado de hierro o acero en donde los metales se martillan y moldean.

Índice

Incendios mortales

1. El gran terremoto e incendio en Kantó, Japón, el 1 de septiembre de 1923. Después del terremoto, Tokio fue devastado por un incendio que destruyó 570 000 hogares y murieron 142 000 personas.

2. Colisión del *Doña Paz*, en Filipinas, el 20 de diciembre de 1987. El ferri *Doña Paz* colisionó contra un tanque de combustible, *MT Vector*; el fuego se propagó en los dos barcos, muriendo más de 4000 personas.

3. El gran incendio de Southwark, en Londres, el 12 de julio de 1212. No fue tan famoso como el incendio de Londres de 1666, pero sí más devastador; dejó más de 3000 muertos y casi el 30 % de la ciudad en ruinas.

4. El gran terremoto e incendio de San Francisco, en abril de 1906. El terremoto y después el incendio que se inició, mataron a 3000 personas y destruyeron alrededor de 500 edificios que dejaron a la mitad de la población sin hogar.

5. Iglesia jesuita, Santiago de Chile, el 8 de diciembre de 1863. Una lámpara de petróleo se incendió durante un servicio religioso. Las puertas estaban cerradas; alrededor de 2500 personas murieron.

6. Explosión en Halifax, Nueva Escocia, el 6 de diciembre de 1917. El *SS Imo* colisionó con un carguero de vapor el *SS Mont Blanc*, cargado con 3000 toneladas de explosivos, en el puerto de Halifax. El incendio consumió más de la mitad de Halifax y dejó 2000 personas muertas.

7. Peshtigo, Wisconsin, el 8 de octubre de 1871. Un incendio forestal devastador consumió 6200 km^2, destruyó dos mil millones de árboles y dejó a su paso entre 1200 y 2400 muertos.

El fuego como símbolo

El fuego ha desempeñado un papel fundamental en el desarrollo de la civilización humana, por eso no sorprende su significado en la religión y la cultura humanas.

El fuego es uno de los cuatro elementos de la antigua filosofía griega; los otros son agua, aire y tierra. Los griegos pensaban que todo en el universo estaba compuesto de estos cuatro elementos. Creían que el fuego les daban cualidades como la energía y la pasión.

Los antiguos romanos trabajaban la herrería y la forja. Vesta era la diosa del hogar y del fuego. Ella era adorada por las vírgenes vestales, quienes encendían la llama sagrada dentro de su templo en Roma. El dios de la forja era Vulcano, quien cuidaba a los herreros y los protegía contra los incendios accidentales dentro de las ciudades.

Ambos, griegos y romanos, cazaban y quemaban animales en los altares como sacrificio a los dioses.

En el hinduismo, Agni es el dios del fuego. En el zoroastrismo, el fuego es considerado símbolo de pureza, verdad y justicia. En el Antiguo Testamento de la Biblia, el fuego aparece en momentos cruciales, como "la zarza ardiendo" y el "pilar de fuego". En el Nuevo Testamento, el Espíritu Santo aparece como "lenguas de fuego".

Hoy, el fuego sigue siendo un símbolo importante. Las hogueras forman parte de los rituales en el mundo, por ejemplo, las velas se usan en las ceremonias religiosas, y la llama eterna se utiliza para recordarnos los eventos significativos.

La llama olímpica es la más famosa de las llamas.

¿Sabías que...?

- Los padres de la independencia de Estados Unidos fueron bomberos. Benjamín Franklin hizo su primer servicio voluntario como bombero en 1736, en Filadelfia. George Washington y Thomas Jefferson fueron también bomberos voluntarios.

- Cada 52 años, cuando el calendario cumplía el ciclo, los aztecas extinguían todo fuego del imperio. Una nueva llama comenzaba en el pecho abierto de una víctima en sacrificio.

- El escarabajo *Melanophila* busca los incendios forestales utilizando sus sensores de radiación infrarroja. Pone sus huevos en árboles muertos, porque carecen de mecanismos de protección como la savia para prevenir la infestación de larvas.

- El fuego puede absorber todo el oxígeno de una habitación. Muchas personas mueren en los incendios por la falta de oxígeno.

- La llama de una vela arde aproximadamente a 1000 °C.

- La Tierra es el único planeta conocido donde una vela puede arder.

- La cantidad de oxígeno puede afectar el color de la llama. Cuando hay poco oxígeno, la llama es amarilla, y cuando hay mucho oxígeno la llama es azul.

- La paja, un montón de fertilizante, el periódico, incluso las nueces de pistacho son conocidas por haberse encendido y ardido espontáneamente.

- Una mina de carbón, cerca de Wingen, Australia, arde continuamente desde hace aproximadamente 6000 años.